Yvonne Tuscher

Servietten-Technik
Küchen-Deko

CHRISTOPHORUS

BRUNNEN-REIHE

Inhalt

*Herzlichen Dank an die Firma „Maier-Küchen"
in Bahlingen am Kaiserstuhl für die freundliche
Unterstützung!*

Schöne Küchen-Deko

Mit der Servietten-Technik können unterschiedlichste Gegenstände auf sehr einfache Weise mit verschiedenen Motiven verziert werden.
In diesem Buch möchte ich Ihnen einige Möglichkeiten zur Dekoration Ihrer Küche vorstellen.

Ob Sie Ihren kleinen Kräutergarten auf der Fensterbank verzieren, das Küchengeschirr verschönern, ein neues Design für Ihre Wanduhr finden, Ihre Küchenschürze mit lustigen Motiven versehen oder eine stimmungsvolle Tischdekoration schaffen wollen – Ihrer Fantasie sind keine Grenzen gesetzt!
Die Servietten-Technik eignet sich auch hervorragend zur Gestaltung vieler schöner Geschenkideen.

Probieren Sie es einfach mal aus!

Ich hoffe, Sie mit meinen Beispielen zu eigenen Gestaltungsideen anregen zu können,

Ihre

Yvonne Tuscher

So gehts

Servietten

Servietten mit den unterschiedlichsten Motiven werden im Handel von verschiedenen Firmen angeboten. Um Ihnen die Suche nach den Motiven aus diesem Buch zu erleichtern, finden Sie die jeweiligen Serviettenhersteller auf Seite 32 angegeben.

Serviettenkleber

Serviettenkleber („Art Potch", „UHU Servietten-Technik Lack", „Découpage", „Mod Potch", „Patio Paint") ist ein Spezialkleber für die Servietten-Technik. Er ist wasserfest, trocknet transparent auf und wird als Leim und als Lack verwendet. Für die verschiedenen Untergründe wie Stoff, Porzellan oder Kerzen gibt es spezielle Kleber, zum Beispiel Textil Potch, Porzellan Potch und Kerzen Potch von der Firma C. Kreul. Lesen Sie jeweils die Gebrauchsanleitung des Herstellers!

Serviettenmotive auf Holz, Ton, Metall, Glas

1 Der Gegenstand, den Sie verzieren möchten, sollte fettfrei und trocken sein. Am schönsten wirken diese Motive auf hellem Untergrund. Eventuell zunächst mit Acrylfarbe in Weiß oder Elfenbein mit einem Pinsel grundieren. Synthetik-Pinsel sind hier sehr gut geeignet, da sie keine Pinselstreifen hinterlassen. Wenn nötig, 2- bis 3-mal anstreichen, dann alles gut trocknen lassen.

2 Das ausgewählte Serviettenmotiv ausschneiden oder -reißen. Die zwei weißen Schichten der Serviette entfernen und nur die oberste, farbige Schicht verwenden. Diese kann mit einem Stückchen Klebeband leicht abgezogen werden.
Mit einem Synthetik-Pinsel von der Mitte her eine dünne Schicht Serviettenkleber auftragen.

3 Die Gestaltung der Ränder und Zwischenräume mit einem feuchten Schwamm vornehmen. Das Farbergebnis hängt von der Feuchtigkeit des Schwamms ab. Zum Aufhellen dunkler Schattierungen Weiß verwenden.

Die Farbe kann in unterschiedlicher Weise aufgetragen werden, mit verschiedenen Ergebnissen:

■ Einen dunklen Effekt erhalten Sie durch Tupfen.

■ Für eine gleichmäßige Oberfläche tragen Sie die Farbe am besten horizontal auf.

■ Wolkenstruktur können Sie durch kreisenden Farbauftrag erzielen.

■ Den Eindruck von Wasser gewinnen Sie durch wellenförmigen Pinselstrich.

Es lassen sich auch mehrere Farben mit dem feuchten Schwamm nacheinander auftragen!

Litschi & Co.

Material

- Serviettenkleber
- Serviettenkleber
  für Stoff
- Acrylfarbe in
  Elfenbein, Gelb
- Serviettenmotive
  siehe Seite 32
- Körbchen,
  15 x 27 cm
- Deckchen,
  34 x 34 cm
- Marmeladenglas
- Stein

Anleitung
Seiten 4-10

Servietten-Motive auf Stoff

1 Die gewünschten Stoffe zuerst waschen, um die Imprägnierung zu entfernen. Bei Textiltaschen am besten eine Plastik- oder Alufolie dazwischenlegen, um beim Trockenvorgang ein Zusammenkleben zu verhindern.
Die Stellen, auf die das Motiv aufgetragen werden soll, mit Serviettenkleber für Stoff, zum Beispiel Textil Potch, einstreichen. Danach das Motiv auflegen und mit dem Kleber bis zu den Rändern gründlich fixieren. Alles gut trocknen lassen! Das Motiv haftet besser, wenn nach dem Trocknen ein dritter Auftrag vorgenommen wird.

2 Rund um das Motiv können mit Stoffmalfarben, -stiften und Glitter-Liner Ergänzungen aufgemalt werden.

3 Nach dem Trocknen die Teile durch Bügeln von der linken Seite (Stufe Baumwolle) fixieren, dabei Backpapier zwischen den Stoff legen. Die Modelle können nun vorsichtig von Hand mit Feinwaschmittel gewaschen werden.

Servietten-Motive auf Kerzen

Auf hellen Kerzen kommt das Servietten-Motiv am besten zur Geltung. Das Motiv mit speziellem Serviettenkleber für Kerzen, zum Beispiel Kerzen Potch, befestigen. Das Motiv auflegen und von der Mitte aus glatt streichen. Für eine glänzende Oberfläche den zweiten Auftrag mit Kerzenlack vornehmen.

Pflaumen

Material

- Serviettenkleber
- Acrylfarbe in Violett, Pflaume, Weiß
- Struktur Silber
- Serviettenmotive siehe Seite 32
- Holztablett, 30 x 30 cm
- Flaschen
- Karte, 10,5 x 15 cm

Anleitung Seiten 4-10

Servietten-Technik auf Porzellan

1 Das gewünschte Serviettenmotiv, wie auf Seite 4 beschrieben, vorbereiten. Serviettenkleber für Porzellan, zum Beispiel Porzellan Potch, punktuell dünn auftragen und die Serviette auflegen.

2 Dann nochmals mit Serviettenkleber für Porzellan bestreichen. Ganz wichtig ist es, das Porzellan jetzt, vor dem Trocknen, mit einem feuchten Tuch rund um das Motiv herum zu säubern. Sonst hält die Porzellanmalfarbe nicht.

3 Kleber und Farbe etwa vier Stunden durchtrocknen lassen. Dann 90 Minuten lang bei 160 °C im Backofen brennen. Jetzt kann das Geschirr auch gespült werden.

3D-Effekt

Die Teile des Motivs, die dreidimensional dargestellt werden sollen, grob ausschneiden und mit Serviettenkleber auf einem Stück Folie fixieren. Wenn der Kleber getrocknet ist, das Motiv exakt ausschneiden. Mit Distanzplättchen die Teile auf einem flachen Gegenstück befestigen.

Diese Technik kann auch mehrschichtig angewendet werden.

Weintrauben

Material

- Serviettenkleber
- Serviettenkleber
  für Stoff
- Serviettenkleber
  für Kerzen
- Acrylfarbe in
  Elfenbein, Grasgrün
- Serviettenmotive
  siehe Seite 32
- Kasten für
  Weinflaschen,
  27 x 32 x 10 cm
- Kerze,
  ca. 19 x 14 cm
- Flasche
- Stoffserviette
- Notizbuch,
  16 x 21 cm

Anleitung
Seiten 4-10

Tipps & Tricks

■ Wenn man die Motive nicht dauerhaft anbringen will, kann eine Haftfolie verwendet werden, die überall leicht wieder abgezogen werden kann. Dazu eignet sich am besten eine weiße oder transparente Folie. Das Motiv grob ausschneiden und mit Serviettenkleber aufkleben. Danach muss es gut trocknen, damit es anschließend auf Glas, Metall oder Fliesen aufgebracht werden kann.

■ Wählen Sie bei der Grundierung den Farbton der Serviette, müssen Sie die einzelnen Motive nicht ganz so exakt aus-schneiden, gerissene Servietten erhalten einen schönen Übergang.

■ Blumentöpfe und –vasen aus unglasiertem Material sollten auch von innen lackiert werden, so dass sie sich nicht mit Wasser voll saugen können.

Erdbeeren

Material

- Serviettenkleber
- Acrylfarbe in Gelb
- Strukturschnee
- Serviettenmotive
  siehe Seite 32
- Körbchen,
  12 x 19 cm
- Karaffe,
  28 cm hoch,
  9 cm ⌀
- Marmeladenglas

*Anleitung
Seiten 4-10*

Südfrüchte

Material

- Serviettenkleber
- Acrylfarbe in Weiß, Gelb, Orange, Grasgrün
- Serviettenmotive siehe Seite 32
- Tontopf, 14 cm hoch, 21 cm Ø
- Tontopf, 18 cm hoch, 14 cm Ø
- Schachtel, 11 x 11 x 11 cm
- Kerze, 15 cm hoch, 7 cm Ø

Anleitung Seiten 4-10

Gemüse

Material

- Serviettenkleber
- Serviettenkleber für Stoff
- Acrylfarbe in Grün, Weiß
- Serviettenmotive siehe Seite 32
- Gemüsetasche, 40 x 40 cm
- Tablett, 30 x 30 cm
- Notizblock, 12 x 28 cm

Anleitung Seiten 4-10

Gemüse - Tasche

Tomaten-
tisch

Material

- Serviettenkleber
- Serviettenmotive
  siehe Seite 32
- Set, 37 x 48 cm
- Teller, 27 cm Ø
- Windlicht,
  16 cm hoch

*Anleitung
Seiten 4-10*

Pasta

Material

- ◼ Serviettenkleber
- ◼ Acrylfarbe
  in Elfenbein,
  Kastanie, Zimt
- ◼ Serviettenmotive
  siehe Seite 32
- ◼ Schubladen-
  kästchen,
  29 x 32 x 21 cm
- ◼ Set, 33 x 40 cm
- ◼ Tontopf,
  24 cm hoch,
  20 cm Ø

*Anleitung
Seiten 4-10*

Blumenbeet

Material

- Serviettenkleber
- Acrylfarbe
  in Elfenbein
- Serviettenmotive
  siehe Seite 32
- Blumenkasten
- Kräuterstecker
  aus Ton
- Gießkännchen,
  ca. 12 cm hoch
- Vogelhäuschen
- Tontöpfe,
  4-5 cm Ø

*Anleitung
Seiten 4-10*

Frühbeet

Material

- Serviettenkleber
- Serviettenkleber für Stoff
- Acrylfarbe in Grasgrün, Elfenbein, Rot
- Mobile- oder Windradfolie in Transparent oder Weiß
- Distanzplättchen
- Serviettenmotive siehe Seite 32
- Frühbeet aus Zinn, ca. 40 x 25 cm
- Tontöpfe, 12 cm hoch, 10 cm ⌀
- Einweckglas, 19 cm hoch, 11 cm ⌀
- Stofftasche, 20 x 24 cm

Anleitung Seiten 4-10

Essig & Öl

Material

- Serviettenkleber
- Acrylfarbe in Gelb, Orange, Weiß
- Mobile- oder Windradfolie in Transparent oder Weiß
- Distanzplättchen
- Serviettenmotive siehe Seite 32
- Öl in der Flasche
- Essig in der Flasche
- Tontopf, 24 cm hoch, 20 cm Ø

Anleitung
Seiten 4-10

Kühe & Schweine

Material

- Serviettenkleber
- Serviettenkleber für Stoff
- Acrylfarbe in Weiß
- Serviettenmotive siehe Seite 32

- Messerblock, Messer
- Schubladenkästchen, ca. 29 x 29 x 21 cm
- Küchenschürze

Anleitung Seiten 4-10

29

Cappuccino

Material

- Serviettenkleber
- Acrylfarbe
  in Beige, Zimt,
  Elfenbein, Kastanie
- Strukturschnee
- Serviettenmotive
  siehe Seite 32
- Uhr, 20 cm ⌀
- Tontöpfe,
  11 cm ⌀,
  10 cm hoch
- Einladungskarte,
  10,5 x 10,5 cm

*Anleitung
Seiten 4-10*

30

Impressum

© 2001
Christophorus-Verlag GmbH
Freiburg im Breisgau
Alle Rechte vorbehalten –
Printed in Germany
ISBN 3-419-56306-X

Lektorat:
Monika Klier, Freiburg

Styling und Fotos:
Andreas Gerhardt, Freiburg

**Covergestaltung und
Layoutentwurf:**
Network!, München

Gesamtproduktion:
smp, Freiburg
Layout: Gisa Bonfig, Freiburg

Druck:
Freiburger Graphische Betriebe

Wir sind für Sie da, wenn
Sie Fragen haben.
Und wir interessieren uns
für Ihre eigenen Ideen und
Anregungen.
Schreiben Sie uns, wir hören
gerne von Ihnen!
Ihr Christophorus-Team

*Christophorus-Verlag GmbH
Hermann-Herder-Str. 4
79104 Freiburg
Tel.: 0761/ 27 17-0
Fax: 0761/ 27 17-3 52
oder e-mail:
info@christophorus-verlag.de*

Servietten-Nachweis

Die verwendeten Servietten finden Sie in den
Fachhandelsgeschäften in Ihrer Nähe!

Seite 7
Litschi: Ambiente; **Efeu:** Herlitz; **Pflaumen:** Paper Design

Seite 11
grüne Trauben: Stewo; **rote Trauben:** Ihr

Seite 12/13
Erdbeeren: Paper Products; **Borte:** Atelier

Seite 14/15
Apfelsinen: Herlitz; **Zitronen:** Paper Products;
Efeu: Herlitz; **Orangenzweig:** Ihr

Seite 16/17
Tomaten: Ambiente; **Paprika:** Paper Products;
Bohnen: Paper Design; **Koch:** Herlitz; **Aubergine:** Ihr

Seite 18/19
Tomaten: Avant Garde

Seite 20/21
Pesto: Ihr

Seite 22/23
Blumen: Ihr; **Kräuter:** Stewo; **Zwerg/Vogelhaus:** Ihr

Seite 24/25
Tomaten, Bohnen, Mais: Ihr

Seite 26/27
Essig und Öl: Avant Garde; **Bordüre:** Ihr

Seite 28/29
Kühe und Schweine: Ihr

Seite 30/31
Cappuccino: Ihr